Schreiben üben – Schrift weiterentwickeln

meine Handschrift

der Weg zur persönlichen Handschrift

Noah

Lea

Simi

Bruno Mock

Didaktische Erläuterungen

Eine Handschrift ist im Gegensatz zur Tippschrift persönlich. Sie ist nicht mehr nachgeahmt, sondern nachgestaltet.

Entwicklung der individuellen Handschrift

Beobachtet man die Entwicklung von Handschriften, so zeigt sich, dass die Schreibenden meist aus einer blockschriftartigen Schrift heraus über kurz oder lang eigene Formgebungen kreieren und einzelne Buchstaben und bestimmte Buchstabenfolgen miteinander verbinden.

Diese Buchstaben bzw. Buchstabenfolgen werden also als Bewegungs- und Spracheinheiten bewegungsverbunden geschrieben. Wo immer es sich aus der Bewegung heraus am einfachsten ergibt, wird auch der Strich verbunden. Dies geschieht sehr häufig aus dem **e** oder **c** heraus. Andere Strichverbindungen treten weniger häufig auf. Es gibt daher mehr und weniger strichverbundene Handschriften.

bewegungsverbunden	strichverbunden
ei en ch den	ei en ch den

Die Handschrift eines Schreibenden ist immer auch Ausdruck seiner Persönlichkeit. Damit erhält die Handschrift Raum für Eigenheiten, sei dies in der Ausgestaltung der Schrifthöhen, der Laufweite, eigener Buchstabenformgebungen oder am meisten natürlich im Schriftzug der Unterschrift. Diesen Entwicklungsschritt erleben die Schreibenden als Aneignung von Schrift.
Demgegenüber ist das Tastaturschreiben zwar für heutige Kommunikationsformen unentbehrlich, dem Schreibenden bietet es die genannten persönlichen Gestaltungsmöglichkeiten allerdings nur indirekt über die Textformatierung.

In diesem Heft werden die Kinder dazu angeregt, sich intensiv mit der Entwicklung ihrer eigenen Handschrift zu beschäftigen. Ziel dieser Beschäftigung ist es, die Kinder zur Entwicklung einer persönlichen Handschrift zu befähigen, die – je nach Schreibanlass – einmal geläufiger, dann wieder lesbarer zur Verfügung stehen soll. Dem Schreiben von Texten mit der Tastatur bei verschiedenen Schreibanlässen wird in diesem Heft ebenfalls Rechnung getragen

Aufbau des Heftes

Um die Entwicklung einer individuellen Handschrift zu fördern, gliedert sich dieses Heft in drei Teile:

- Im ersten Teil erhalten die Kinder mit **zwei Beurteilungsbogen** die Möglichkeit, den Stand der eigenen Schriftentwicklung sowie der grafomotorischen Voraussetzungen für diese Entwicklung festzustellen. Es empfielt sich, diese beiden Bogen *vor* Bearbeitung des Heftes ausfüllen zu lassen, idealerweise unter Mithilfe der Lehrperson. Damit können auf den Folgeseiten gezielt Übungen zum eruierten Förderbedarf in Angriff genommen werden. Zur punktuellen oder abschließenden Überprüfung des eigenen Lernfortschrittes sind die Beurteilungsbogen auch unter www.schubi.com auf der Seite dieses Heftes «Meine Handschrift» (Art.-Nr.: 152 00) downloadbar.
- Die Doppelseiten des zweiten Teils behandeln Themen der **persönlichen Schriftentwicklung**, der **Schreibbewegung bzw. Grafomotorik** sowie der kreativen **Schriftgestaltung**. Die Kinder sollen beim Schreiben eigene Bewegungsformen erproben bzw. fremde Formen imitieren und ihre Ergebnisse mit denjenigen der anderen Kinder vergleichen. Wenn die Schreibinhalte nicht vorgegeben sind, können sie entweder der «Liste der 200 häufigsten Wörter» entnommen werden oder natürlich einer aktuellen Thematik des Unterrichts. Einige der Aufgaben sind im Team zu lösen und daher im Titel mit zwei Punkten gekennzeichnet ( ).
Über die Aufgabenformate zur Entwicklung der individuellen Handschrift hinaus erhalten die Kinder zudem zahlreiche Anregungen zum spielerischen und kreativen Umgang mit Schrift und Gestaltung.
- Den dritten Teil des Heftes bildet der Anhang mit einer **«Liste der 200 häufigsten Wörter»**, einer **Papiertastatur** sowie verschiedenen Lineaturen zum weiterführenden Üben und Ausprobieren der eigenen Handschrift. Diese Lineaturen stehen unter www.schubi.com auch als Download zur Verfügung.

Didaktische Hinweise

Schreibstunden im Sinne von Fokus-Wochen «Schrift» lohnen sich drei- bis fünfmal pro Jahr zur Entwicklung der eigenen Handschrift. Dabei kann neben den normalen Unterrichtsinhalten auf Aspekte der Handschrift geachtet und nach einer Trainingsphase entsprechend eine individuelle oder klassenbezogene Rückmeldung gegeben werden.

Auf einigen Übungsseiten werden Materialien vorausgesetzt, die meist im schulischen Kontext vorhanden sind (z. B. Stoppuhr, Schreibstifte, Papiere, Leim, Klebeband, Lineal, Pinsel), stellenweise aber auch spezielle Materialien (z. B. Pauspapier, Knete, Münzen, Moosgummi) oder die Medien Internet bzw. Computer.

Inhalt

Beurteilungsbogen zur Schriftentwicklung

Mit diesem Beurteilungsbogen kannst du feststellen, wo du zurzeit mit der Entwicklung deiner persönlichen Handschrift stehst.

Schriftproben

Schreibe den folgenden Satz dreimal wie angegeben auf. Miss die Zeit, beachte aber, dass du nicht extra schnell schreiben sollst, außer bei der dritten Übung.

Franz jagt im komplett verwahrlosten
Taxi quer durch Bayern.

1 Schreibe den Satz in Blockschrift in diese Felder:

sek

2 Schreibe den Satz in deiner normalen, möglichst leserlichen Handschrift:

sek

3 Schreibe den Satz so schnell du kannst:

sek

4 Schreibe die Zahlenfolge und den Code sorgfältig in die Häuschen:

0066 902 254 78 13 hnrv-Oob6-2Z17-0G9g-ua5S

Auswertung

Schreibfluss

Vergleiche das Schreibtempo von Schriftprobe 2 mit den Resultaten der anderen Kinder deiner Klasse. Wie beurteilst du dein Tempo? Kreuze an.

☐ schnell ☐ normal ☐ langsam

Lesbarkeit

Lass dir deine Schriftproben 1 bis 3 von anderen Kindern deiner Klasse vorlesen. Wie leserlich ist deine Schrift? Kreuze an.

☐ sehr gut lesbar ☐ lesbar ☐ schwer lesbar

Buchstabenformen

Vergleiche deine Buchstaben in den Übungen 1 und 2: Bei welchen Buchstaben kannst du Unterschiede in der Form feststellen? Notiere hier alle diese Formen:

Beispiel: t t

Beurteilungsbogen zur Schriftentwicklung

Schriftlage

Beurteile die **Schräglage** deiner Schrift in den Schriftproben ❷ und ❸:
Stehen die Buchstaben aufrecht, schräg nach rechts oder nach links geneigt? Oder entdeckst du uneinheitliche Schräglagen?

Kreuze an.

☐ | | | | ☐ / / / /
☐ \ \ \ \ ☐ \ / / |

Schriftweite

Untersuche in deinen Schriftproben ❷ und ❸ die Abstände zwischen Buchstaben und Wörtern und vergleiche sie mit den Schriftproben anderer Kinder. Kreuze an:

	zu weit	optimal	zu eng
Wie sind die Abstände zwischen den einzelnen Buchstaben?	☐ ☹	☐ ☺	☐ ☹
Wie sind die Abstände zwischen den Wörtern?	☐ ☹	☐ ☺	☐ ☹

Schrifthöhen

Vergleiche in deinen Schriftproben ❷ und ❸ die **Oberlänge**, die **Mittelhöhe** und die **Unterlänge** deiner Buchstaben.
Sind sie gleichmäßig hoch oder unterschiedlich hoch?

Kreuze an.

Oberlänge
Mittelhöhe
Unterlänge

gleichmäßig hoch: Obstessig ☐ ☺

unterschiedlich hoch: Obstessig ☐ ☹

Grundlinie

Betrachte deine Schrift in den Schriftproben ❷ und ❸:

	ja	nein
Stehen alle Buchstaben genau auf der Grundlinie? Kreuze an.	☐ ☺	☐ ☹

Schreibe auf, welche Buchstaben nicht auf der Grundlinie stehen:

Beurteilungsbogen zur Schriftentwicklung

Strich-Verbindungen

Untersuche nochmals deine Schriftproben 2 und 3:
Weist deine Schrift sichtbare **Strich-Verbindungen** von zwei Buchstaben auf? Verbindest du auch mehr als zwei Buchstaben?

Beispiel: *er her*

Dokumentiere deine sichtbaren Strichverbindungen:

Ziffern und Zeichen

Decke bei deiner Schriftprobe 4 die vorgegebene Zahlenfolge und den Code mit einem Papier ab. Lass eine andere Person deine Schriftproben vorlesen oder auf der Tastatur (S. 60) tippen.

Kann sie die Ziffern und Zeichen mühelos erkennen? Kreuze an.

sehr gut lesbar	lesbar	schwer lesbar
☐ ☺	☐ 😐	☐ ☹

Notiere, welche Ziffern und Zeichen sie nicht eindeutig erkennen konnte:

Handschrift

Betrachte deine Schrift in den Schriftproben 2 und 3:
Woran erkennst du deine **Handschrift** aus anderen heraus?
Was macht den **Stil** deiner Handschrift aus?

Beschreibe in eigenen Worten:

Beurteilungsbogen zur Schriftentwicklung

Was möchtest du an deiner Handschrift verbessern? Beschreibe in eigenen Worten.

Strichführung

Beurteile, wie sich deine Handschrift in den Schriftproben 2 und 3 unterscheidet.

Kreuze an, was alles zutrifft.

Die Schnellschrift wirkt: ☐ flüssiger ☐ ungenauer ☐ zittriger ☐ verkrampfter

Betrachte die Wortenden in der Schriftprobe 3.
Sind die Wortenden noch lesbar?

☐ sehr gut lesbar ☐ lesbar ☐ schwer lesbar

Unterschrift

Notiere am Ende des Beurteilungbogens deine Unterschrift.

Diese Auswertung ist hilfreich für deine persönliche Übungsplanung zu diesem Heft (S. 11).

Beurteilungsbogen zur Grafomotorik

Suche dir einen längeren Text aus (z. B. eine Geschichte oder ein Gedicht aus dem Lesebuch), den du zügig und ohne Unterbruch abschreiben kannst.
Lass dich beim Abschreiben von einem anderen Kind beobachten, das in der folgenden Auflistung das Zutreffende ankreuzt. Wenn die Liste ausgefüllt ist, kannst du deine Schreibarbeit beenden.

Name des Beobachters: ______________________

Sitzhaltung	ja	nein
Beide Füße stehen mit der ganzen Sohle vor dem Stuhl auf dem Boden.	☐ ☺	☐ ☹
Die Ober- und Unterschenkel bilden einen rechten Winkel.	☐ ☺	☐ ☹
Der Rücken ist gerade und aufrecht.	☐ ☺	☐ ☹
Die Schultern sind entspannt.	☐ ☺	☐ ☹
Die Unterarme liegen locker auf der Tischfläche.	☐ ☺	☐ ☹
Der Kopf ist aufrecht.	☐ ☺	☐ ☹

Stifthaltung und Schreibdruck	ja	nein
Der Stift wird von drei Fingern gehalten.	☐ ☺	☐ ☹
Der Daumen bewegt sich stark beim Schreiben.	☐ ☺	☐ ☹
Die Finger sind locker.	☐ ☺	☐ ☹
Es sind keine weißen Stellen an den Fingern zu sehen.	☐ ☺	☐ ☹
Das Handgelenk bewegt sich wenig.	☐ ☺	☐ ☹

Beantworte anschließend selber die folgenden Fragen:

Hände lockern	oft	manchmal	selten
Gelingt es dir, deine Hand und deine Finger zu bewegen, dass es dir angenehm ist?	☐ ☺	☐ 😐	☐ ☹
Bleiben deine Hände locker, wenn du längere Zeit schreibst?	☐ ☺	☐ 😐	☐ ☹

Beurteilungsbogen zur Grafomotorik

Schreibgeräte

Womit schreibst du normalerweise im Unterricht?

Kreuze an, was alles zutrifft.
Unterstreiche zusätzlich, womit du am liebsten schreibst.

- ☐ Bleistift / Buntstift
- ☐ Füller
- ☐ Tintenroller
- ☐ dünner Filzstift
- ☐ Kugelschreiber
- ☐ Druckbleistift

Womit zeichnest oder malst du gerne?

- ☐ Bleistift
- ☐ Buntstifte
- ☐ Pinsel
- ☐ Filzstifte
- ☐ Wachsmalkreide
- ☐ Straßenkreide
- ☐ anderes:

Allgemein

Nimm dein Heft aus dem Deutsch-Unterricht und dein Heft aus dem Mathematik-Unterricht zur Hand und beurteile den Gesamteindruck. Gefällt dir deine Handschrift?

☐ ☺ ☐ 😐 ☐ ☹

Übungsplanung

Schriftentwicklung

Gehe deine Antworten im **Beurteilungsbogen zur Schriftentwicklung** gemeinsam mit deiner Lehrperson durch.
Bei welchen Themen sind deine Antworten eher negativ ausgefallen?

Kreuze an:

- ☐ **Schreibfluss**
- ☐ **Lesbarkeit**
- ☐ **Buchstabenfomen**
- ☐ **Schriftlage**
- ☐ **Schriftweite**
- ☐ **Schrifthöhen**
- ☐ **Grundlinie**
- ☐ **Strichführung**
- ☐ **Verbindungen**
- ☐ **Ziffern und Zeichen**
- ☐ **Handschrift**
- ☐ **Unterschrift**

Damit hast du eine Übersicht, welche Doppelseiten in diesem Heft besonders wichtig sind für deine **persönliche Schriftentwicklung**.

Grafomotorik

Gehe deine Antworten im **Beurteilungsbogen zur Grafomotorik** gemeinsam mit deiner Lehrperson durch.
Bei welchen Themen sind deine Antworten eher negativ ausgefallen?

Kreuze an:

- ☐ **Sitzhaltung**
- ☐ **Stifthaltung und Schreibdruck**
- ☐ **Hände lockern**
- ☐ **Schreibgeräte**

Damit hast du eine Übersicht, welche Doppelseiten in diesem Heft besonders wichtig sind, damit du auch längere Texte **entspannt und ohne zu stocken schreiben** kannst.

Schreibfluss

Ein flüssiges Schreibtempo hilft dir bei Schreibaufgaben, zügig voranzukommen. Wähle für die Übungen auf dieser Doppelseite Wörter aus der Wörterliste (S. 58/59), die du noch nicht so zügig schreiben kannst.

Tempovarianten

Wähle ein Wort und schreibe es verschieden schnell.

20	50	80	120	250
extrem langsam	langsam	mittelschnell	schneller	so schnell wie möglich

Renntraining

Schreibe die Wörter zuerst mehrmals in der Luft über dem Heft und fahr dann so schnell wie möglich los.

Schlechte Sicht

Schreibe einen 3-Wort-Satz dreimal. Was geht am schnellsten? Kreuze an.

blind		☐
mit blinzeln		☐
mit schauen		☐

Fahrgeräte

Schreibe den 3-Wort-Satz der Aufgabe **Schlechte Sicht** (S. 12) mit verschiedenen Schreibgeräten. Gibt es einen Tempounterschied? Welchen Stift führst du am lockersten?

Bleistift	
Kugelschreiber	
Buntstift	

Basketball-Schrift

Klebe ein Blatt in Sprunghöhe an die Wand. Springe hoch und versuche zuerst einen Buchstaben, nachher häufige Buchstabenfolgen (ch, ei, en, er, em) auf das Blatt zu schreiben. Klebe das Blatt oder einen Ausschnitt davon nachher hier ein.

Motorengeräusche

Lass ein anderes Kind den untenstehenden Satz mit einem kratzenden Stift schreiben. Du hörst genau hin und versuchst zu erkennen, wann es absichtlich einen Fehler macht.

Ich bin hier.

Aufholjagd

Legt Blätter auf fünf Tische. Schreibe auf jedes Blatt jeweils ein Wort. Ein anderes Kind folgt dir, sobald du beim zweiten Tisch stehst. Bist du schnell genug oder holt es dich ein?

einen
einen

beide

Lesbarkeit

Es gibt Situationen, in denen deine Handschrift besonders leserlich sein muss. Z. B. wenn du eine E-Mail-Adresse aufschreibst, dir einen Code notierst oder ein Formular ausfüllst. Auf Formularen wird häufig Blockschrift (ohne Verbindungen) verlangt.

Adresse

Notiere deine Adresse auf dem Briefumschlag.

Titel

Schreibe einen gut lesbaren Titel oben auf das Präsentationsplakat.

Beschriftungen

Beschrifte die Etiketten gut leserlich.

Biodextril
4 mg
28.12.2017

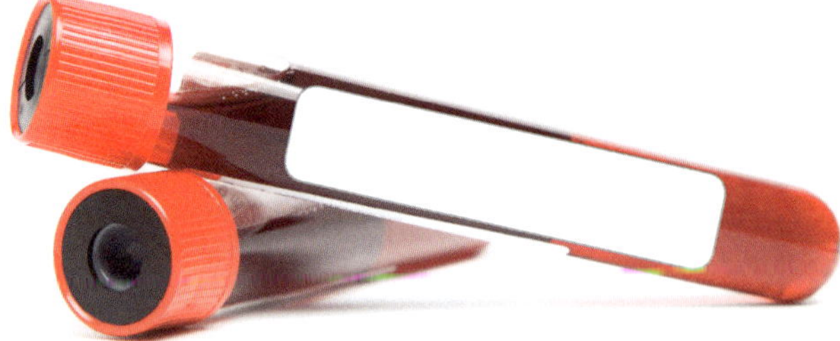

Rujan Illirian
17.4.1948

Codes

Schreibe die Codes in den Rahmen. Teste nachher, ob eine andere Person sie richtig tippen (S. 60) oder lesen kann. Decke dafür die gedruckten Codes auf der linken Seite ab.

(Diese Zeichen werden leicht verwechselt: **2Z**, **rv**, **b6**, **0O**, **g9**, **5S**)

Computerschriften

Teste verschiedene Computerschriften mit den oben abgedruckten Codes. Findest du Unterschiede in der Lesbarkeit? Klebe drei Schriften ein und markiere Zeichen, die leicht verwechselt werden können.

E-Mail-Adressen

Erfinde E-Mail-Adressen und schreibe sie auf diesen Zettel. Verwende dabei auch diese Zeichen:
2Z, rv, b6, 0O, g9, 5S.

mo4deb@web.com

Zeige diese Adressen einem anderen Kind, das sie auf der Papiertastatur (S. 60) tippt.
Konnte es alles richtig entziffern?
Notiere hier die Zeichen, bei denen es Schwierigkeiten gab:

Grundelemente

Schrift besteht aus grafischen Elementen. Übe diese zuerst auf großen Blättern, anschließend auf Karopapier.

Elemente

Striche	Bogen	Zacken	Rundungen
einfacher Schwung ei ch	doppelter Schwung eu en el	a-Schwung an au de	3er-Schwung her ner

Muster zeichnen

Wähle oben ein Muster aus, das dir noch nicht so liegt. Zeichne es hier in den Kasten: viermal sehend, viermal blind.

Größer werden, kleiner werden

Zeichne Muster von oben in die Flächen.

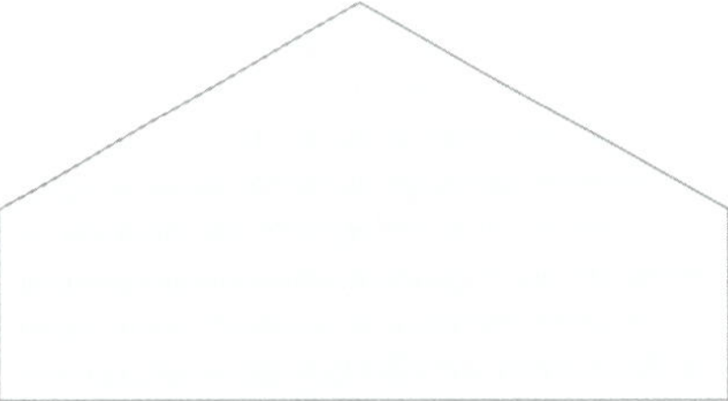

Muster über Hindernisse

Zeichne Muster auf die Linien.

Muster in Bändern

Zeichne ein Muster ins Band.

Muster in Wörtern

Suche ein Wort (S. 58/59). Schreibe es dreimal direkt nacheinander und miss die Zeit.

1. Versuch: sek

Trainiere das Wort sehend, während du blinzelst und blind über dem Heft.
Schreibe es nachher nochmals dreimal. Schaffst du es in der Hälfte der Zeit?

2. Versuch: sek

Wie lange brauchen andere Personen, um dieses Wort dreimal zu schreiben?

meine Banknachbarin / mein Banknachbar: sek

ein anderes Kind: sek

eine erwachsene Person: sek

Buchstabenformen

Menschen schreiben die Buchstaben auf verschiedene Weise. Je nach Person, Stil und Wort können die Formen sehr variieren. Wichtig ist, dass deine Buchstaben eindeutig gelesen werden können.

Verschiedene Formen

Sammle verschiedene Buchstabenformen von Erwachsenen, deinen Eltern, Geschwistern, Freunden, deiner Lehrperson usw.

Großbuchstaben

M		W	
N		Y	
K		E	
B		G	
D		S	
A		Z	

Kleinbuchstaben

a		b	
e		f	
g		h	
k		mn	
s		t	
uv		y	
w		z	
i		ä	
ö		ü	

Satzzeichen

!		?	

Pauspapier

Übertrage einige der gesammelten Buchstaben mit Pauspapier. Welche gefallen dir besonders gut? Schreibe sie in den Kasten.

Punkte von ä, ö, ü

Betrachte in deiner Tabelle (S. 18) die Varianten von ä, ö, und ü nochmals genau. Welche unterschiedlichen Punkte/Striche findest du? Markiere die Variante, die dir am besten gefällt.

Buchstaben schließen

Einige Buchstaben sind schwierig zu erkennen, wenn sie beim Schreiben nicht geschlossen werden.

a d g

Übe diese Buchstaben zuerst blind über dem Heft und schreibe sie nachher ins Heft. Tipp: Verlängere bewusst den «Anlauf».

a	
d	
g	

Schwungvolle Buchstaben

Schreibe die Wörter möglichst schwungvoll ins Heft.

yes gut so zu zu sie

Schriftlage

Die Schräglage deiner Schrift hängt von verschiedenen Faktoren ab:

- Körper- und Armhaltung
- Lage des Blattes/Heftes
- Stifthaltung
- Lineatur

ich und alle
alle und ich

Blattstellung

Experimentiere mit der Lage des Heftes und schreibe den Satz in jeder Lage einmal.

Welche Unterschiede bemerkst du in Bezug auf die Körperhaltung, die Armhaltung und die Fingerbewegung?

Tipp: Deine bevorzugte Lage kannst du mit einem Klebstreifen auf dem Tisch fixieren.

Ich drehe das Heft.	Unterschied	Schriftlage
1		
2		
3		

Stifthaltung

Schreibe diese Wörter mit den abgebildeten Stifthaltungen.

heller blauer Himmel

1	2	3

Schreiben mit Schwung

Schreibe die Wörter der Aufgabe **Stifthaltung** (S. 20) mit viel Schwung und möglichst groß.

Schreiben mit Druck

Schreibe die gleichen Wörter mit Druckunterschieden.

Wechsle ab: ein Wort mit wenig Druck, ein Wort mit viel Druck:

hell hell

Schreibe Wörter mit betontem Abwärtsstrich:

hell

Lineaturen

Schreibe Wörter aus der Wörterliste (S. 58/59) in die verschiedenen Lineaturen. Welche Lineatur findest du hilfreich? Kreuze an. Weitere Lineaturen findest du als Download unter www.schubi.com auf der Seite dieses Heftes «Meine Handschrift» (Art.-Nr.: 152 00).

☐

☐

☐

☐

Schriftweite

Jede Schrift braucht unterschiedlich viel Platz für die einzelnen Buchstaben und für die Räume zwischen den einzelnen Wörtern.

Buchstabenbreite

Schreibe die Wörter verschieden breit in die Kästchen.

ALLE ALLE

immer

reden

Wortabstände

Schreibe die Wörter immer näher zusammen.

ich — gehe — weg

Strichabstände

Schreibe den Satz noch fünfmal und verändere die Abstände.

ich gehe weg

Blattrand

Schreibe die Sätze auf die Linien. Achte beim Schreiben auf den Blattrand.

Beim Schreiben lasse ich auf der linken und rechten Seite einen Rand stehen. So ist mein Text einfacher zu lesen.

Zeilenabstände

Vergleiche den Gesamteindruck der drei Texte.
Welcher wirkt am lesefreundlichsten? Kreuze an.

☐ Der Zeilenabstand ist der Abstand zwischen den Grundlinien aufeinanderfolgender Zeilen eines Textblocks und ergibt sich aus der Zeilenhöhe und dem Zeilenzwischenraum der Zeichen. Angegeben wird er normalerweise in derselben Einheit wie der Schriftgrad. Der Zeilenabstand ist wesentlich für die Leserlichkeit eines Textes, da sowohl zu geringer als auch zu großer Abstand das Verfolgen der Zeilenwechsel erschwert.

☐ Der Zeilenabstand ist der Abstand zwischen den Grundlinien aufeinanderfolgender Zeilen eines Textblocks und ergibt sich aus der Zeilenhöhe und dem Zeilenzwischenraum der Zeichen. Angegeben wird er normalerweise in

☐ Der Zeilenabstand ist der Abstand zwischen den Grundlinien aufeinanderfolgender Zeilen eines Textblocks und ergibt sich aus der Zeilenhöhe und dem Zeilenzwischenraum der Zeichen. Angegeben wird er normalerweise in derselben Einheit wie der Schriftgrad. Der Zeilenabstand ist wesentlich für die

Schriftweite am Computer

Schreibe diesen Text mit der Tastatur ab. Verändere die Schriftart und beobachte die erste Zeile.
Bei welcher Schriftart haben am meisten Wörter, bei welcher am wenigsten Wörter Platz?
Drucke beide Texte aus und klebe Ausschnitte hier ein.

Als Schriftart bezeichnet man die grafische Gestaltung einer Schrift. Auf dem Computer stehen verschiedene Schriftarten zur Verfügung.

Schriftart: ____________________

Schriftart: ____________________

Schrifthöhen

Das Größenverhältnis (Proportion) von Oberlänge, Mittelhöhe und Unterlänge einer Schrift kann verschieden sein. Diese Unterschiede bestimmen auch den Stil deiner Handschrift.

Unterlängen

Schreibe Wörter mit überlangen Schwüngen nach unten.

gegangen

Oberlängen

Schreibe die Wörter mit ausgeprägten Oberlängen.

alle Hallo

Übergroße Mitte

Schreibe Wörter mit übergroßer Mitte.

hinauf

Gleiche Proportionen

Schreibe Wörter (S. 58/59) mit gleich hoher Oberlänge, Mittelhöhe und Unterlänge.

Buchstaben vergleichen

Trage Buchstaben ein, die Unterlängen, Oberlängen oder nur eine Mittelhöhe haben.

Unterlängen:

g

Oberlängen:

Mittelhöhe:

Wörter erfinden

Erfinde Wörter mit möglichst vielen Buchstaben mit Unterlängen, Oberlängen, übergroßer Mitte.

viele Unterlängen: gegrjang

viele Oberlängen:

übergroße Mitte:

Computerschriften

Schreibe das Wort traurig mit verschiedenen Schriften auf dem Computer.
Suche Beispiele mit möglichst unterschiedlichen Proportionen. Klebe deine Beispiele hier ein.

Arial: traurig

Grundlinie

Die Grundlinie ist die wichtigste Linie beim Schreiben. Nicht alle Buchstaben sind gleich groß. Aber sie stehen alle auf der Grundlinie.

Treffübung

Die Pfeile fliegen zur Zielscheibe. Verbinde mit möglichst geraden Linien ins Zentrum. Triffst du die Zielscheibe auch, wenn du die Linie blind ins Zentrum ziehst?

Hilfestellung Lineal

Schreibe den Satz auf die Linien und halte dabei ein flaches Lineal direkt unter die Grundlinie.

Ich treffe die Linie.

Schreibe den Satz blind:

Schreibe den Satz blind und blinzle währenddessen dreimal:

Hilfestellung Haftzettel

Klebe einen Haftzettel direkt unter die Grundlinie.
Schreibe den Satz mehrmals auf die Linie.

Ich treffe die Linie.

Schreibe den Satz wieder blind. Spürst du den Zettelrand?

Auf verschiedene Grundlinien schreiben

Erfinde einen neuen Satz und schreibe ihn auf die drei Grundlinien.
Welche Lineatur ist am hilfsreichsten? Kreuze an. Weitere Lineaturhilfen findest du auf S. 61 - 63.

☐

☐

☐

Ohne Lineatur schreiben

Schreibe den Satz von oben mehrmals ohne Lineatur.

Strichführung

Unsere Muskeln arbeiten ständig. Auch wenn wir schreiben, findet kleinste Muskelarbeit statt. Deshalb ist es unmöglich, eine völlig gerade Linie von Hand zu zeichnen. Die Schwankungen und Ruckbewegungen beim Zeichnen sind aber von Mensch zu Mensch verschieden.

Schwankungen

Zeichne mit Bleistift ein paar kurze und einige möglichst lange gerade Linien. Halte anschließend ein Lineal an deine Linien und umkreise die gröbsten Schwankungen.

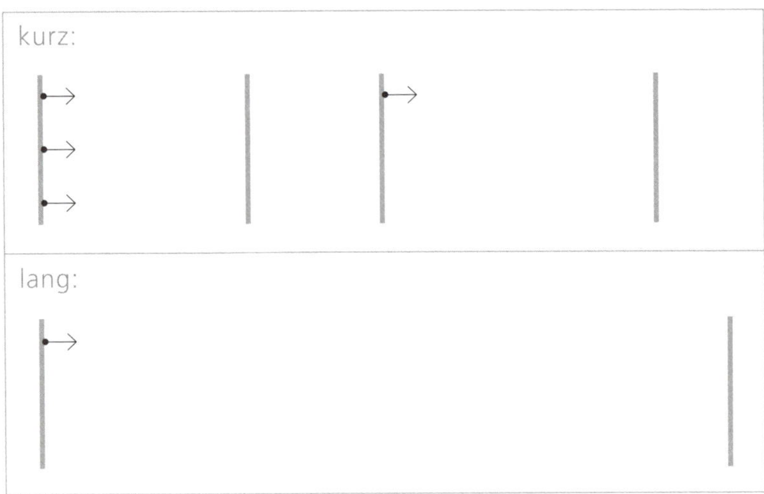

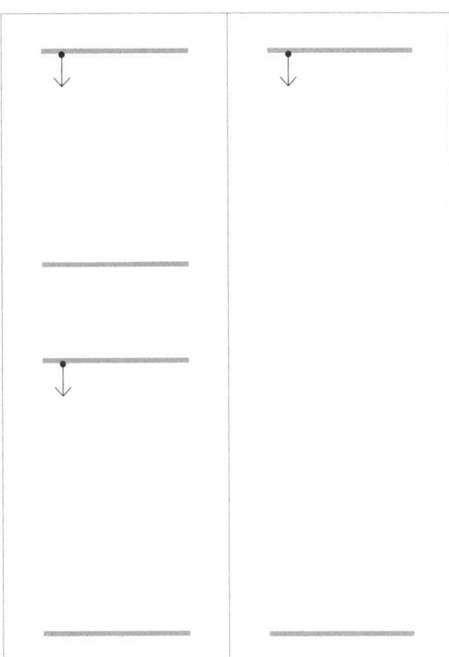

Bogenlinien

Zeichne die Bogenlinien weiter. Umkreise auch hier Schwankungen.

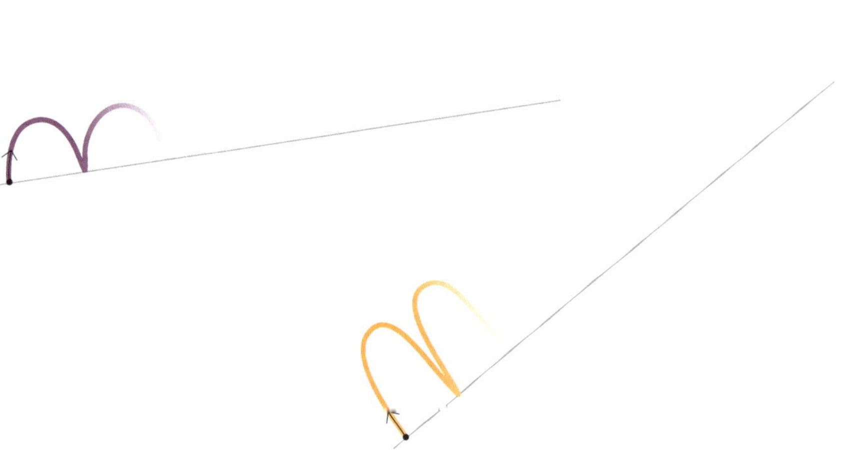

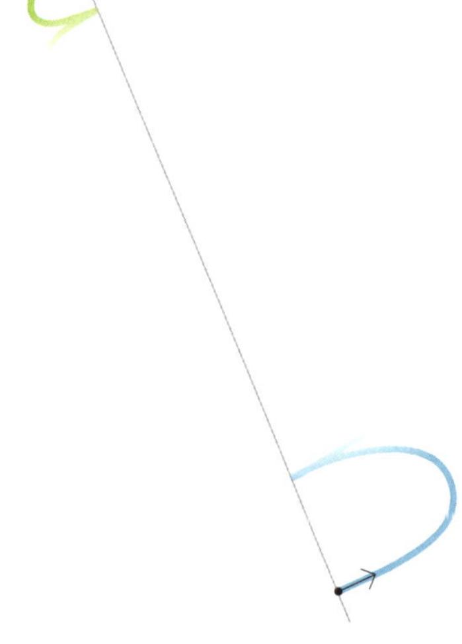

Grundspannung

Schreibe einmal mit mehr Kraft als üblich und einmal lockerer.

Ich kann verkrampft oder locker schreiben.

mit viel Kraft:
locker:

Harter Stift, weicher Stift

Schreibe einmal mit einem harten und einmal mit einem weichen Stift.

Ich kann mit verschiedenen Stiften schreiben.

harter Stift (z. B. Kugelschreiber):
weicher Stift (z. B. weicher Bleistift):

Beim Schreiben summen

Schreibe den Satz und summe dabei, so dass dein Atem und die Schrift fließen.

Ich schreibe und summe.

harter Stift (z. B. Kugelschreiber):
weicher Stift (z. B. weicher Buntstift):

Verbindungen

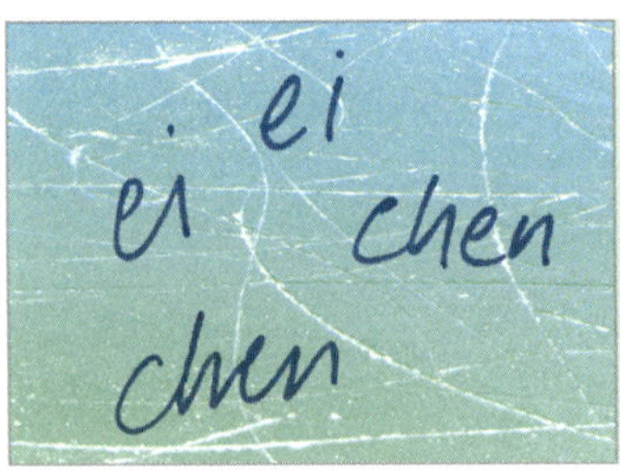

In jeder Handschrift gibt es bestimmte Buchstabenfolgen, die aus der Bewegung heraus häufig verbunden geschrieben werden. Andere Buchstabenfolgen werden dagegen nur selten verbunden geschrieben.

Verschiedene Verbindungen und Buchstabenfolgen

Probiere alle Verbindungen und Buchstabenfolgen in den Tabellen aus.
Werden in eurer Klasse noch andere Verbindungen geschrieben? Ergänze.

1. häufige Verbindungen

ei		er		ch	
Em		et			
em		el			

2. mögliche Verbindungen

au		ge be		wer	
un um		ck		tt tz	
he ne		ab			
fe te		der			

3. häufige Buchstabenfolgen, die zügig geschrieben werden, jedoch meistens ohne Verbindungsstriche

be se		St st		wo so	
ver zer		es			

4. ungünstige Eingänge in a, d, g

da		nd		lg	

Verbindungen üben

Wähle aus den Gruppen 1 und 2 Verbindungen aus, die dir liegen und gefallen.
Trainiere diese Verbindungen:

Suche Kurzwörter, in denen diese Verbindung vorkommt (S. 58/59). Trainiere diese Wörter auf Tempo.

Schreibe diese Wörter abwechselnd groß und klein. 

Wörter zerlegen

Zerlege längere Wörter in einzelne Einheiten.

Lückentext

Setze die Buchstabenfolgen in der richtigen Reihenfolge ein.

au  ei ei ei en en en er te un

___n kl___n___ Mann woll___ ___bedingt ___f___n___ hoh___ Berg st___g___.

Schreiben ohne absetzen

Versuche die Wörter zu schreiben, ohne den Strich abzusetzen.

Stift Heft Radiergummi

Ziffern und Zeichen

Beim Schreiben von Ziffern solltest du darauf achten, dass sie klar unterschieden werden können. Andererseits musst du aber auch die geordnete Darstellung der Zahlen beachten.

Schreibablauf von Ziffern

Schreibe die Ziffern auf zwei verschiedene Arten. Starte das erste Mal jeweils wie gewohnt, beim zweiten Mal unten. Wie gelingen dir die Ziffern besser?

	0	1	2	3	4	5	6	7	8	9
oben beginnen	0									
unten beginnen										

Ziffern und Buchstaben verwechseln

Schaue deine Ziffern oben nochmals genau an. Welche davon könnten mit einem Buchstaben verwechselt werden?

9 g

Lesbarkeit

Schreibe jede Folge dreimal und wechsle dabei ab mit groß und klein.

1 2 3 4 5 6 7 8 9 10

1234

5678

90+-

:=<>

Ziffern einfüllen

Schreibe die Ziffern von **0 – 9** und werde dabei immer kleiner und immer größer.

Darstellung einer Rechnung

Schreibe die Rechnung in die Felder und rechne aus. Welche Lineatur ist am hilfreichsten? Kreuze an.

293
+ 671

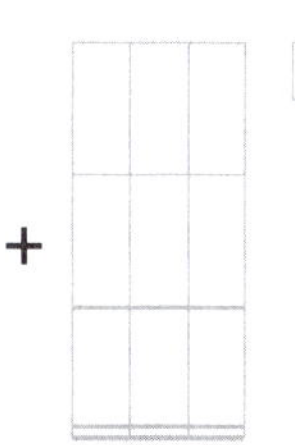

Bis zum Rand

Schreibe die Ziffer **2** in die Kästchen.

A) Ziffer berührt die Ränder.

B) Ziffer berührt die Ränder nicht.

Was gefällt dir besser? A ☐ B ☐

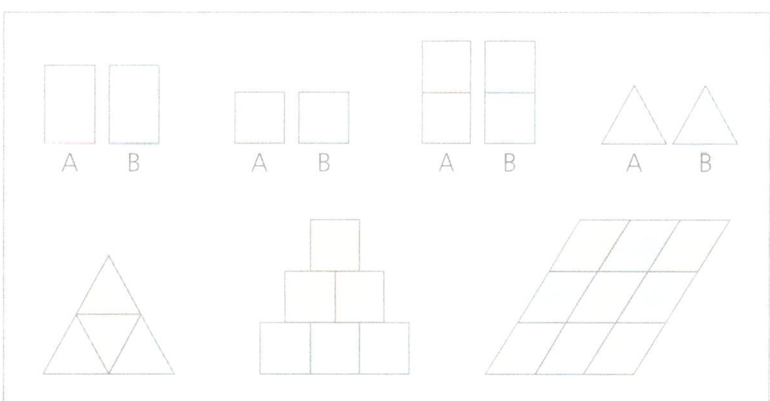

Verschiedene Schreibrichtungen

Schreibe die Ziffern von **0 – 9** auf die Linien, ohne das Heft zu drehen.

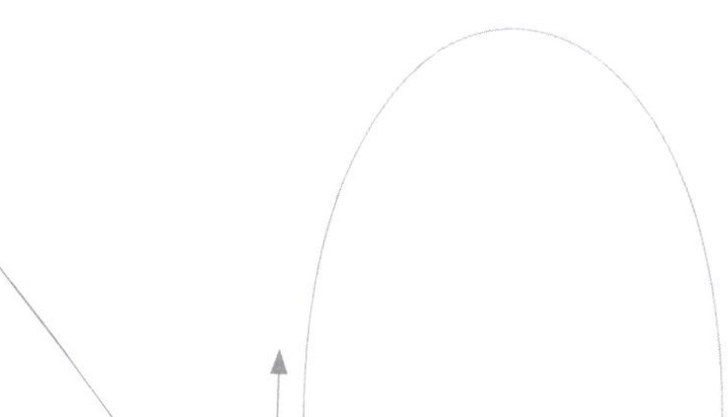

Handschrift

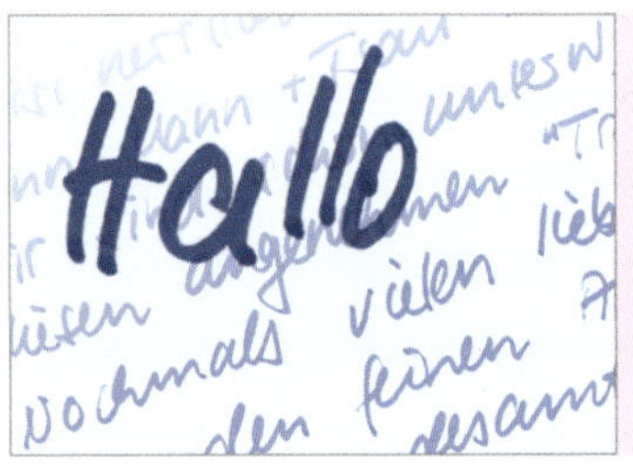

Jede Handschrift ist etwas Besonderes, auch wenn wir alle die selben Zeichen verwenden. Die Handschrift sollte locker, ohne zu stocken und leserlich geschrieben werden können. Je nach Anlass ist es wichtig, schneller oder lesbarer schreiben zu können.

Verschiedene Handschriften

Sammle Schriften von anderen Kindern und Erwachsenen. *Das ist meine Handschrift.*

	Name	Satz
A		
B		
C		
D		
E		
F		
G		
H		
I		
J		

Handschriften vergleichen

Vergleiche die gesammelten Schriften A – J auf der linken Seite und verteile Punkte von 1 – 10.
(10 Punkte = trifft am meisten zu, 1 Punkt = trifft am wenigsten zu)

Schrift	A	B	C	D	E	F	G	H	I	J
große Schrift										
hohe Oberlängen										
lange Unterlängen										
breite Buchstaben										
viele Strichverbindungen										
lesbar										
gefällt mir										

Schrift fälschen

Wähle eine Schrift aus und übertrage sie mithilfe von Pauspapier. Schreibe sie nachher hier hin.

Handschriften in der Klasse

Schreibt alle den folgenden Satz mit Bleistift auf einen Papierstreifen.

Jede Handschrift ist etwas Besonderes.

Legt nachher alle Streifen nebeneinander. Könnt ihr die einzelnen Schriften den Kindern zuordnen?

Wähle einen Streifen aus und klebe ihn hier ein.

Woran erkennst du deine eigene Schrift?
Woran erkennst du die anderen Handschriften?

Unterschrift

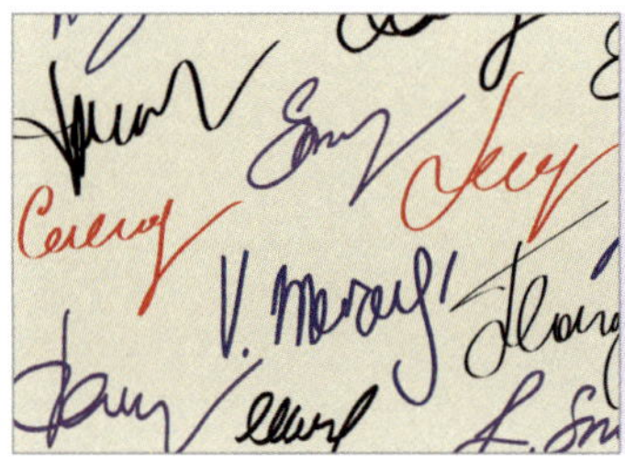

Jede Unterschrift ist anders. Deine eigene Unterschrift ist persönlich. Sie kann in Dokumenten klar zugeordnet werden und ist unverwechselbar.

Stil

Welche der Beispiele 1 bis 6 gefallen dir? Kreise die Nummern ein.

Pauspapier

Übertrage die sechs Unterschriften mithilfe von Pauspapier möglichst genau.

Varianten

Probiere mit deinem Namen verschiedene Varianten deiner Unterschrift aus. Welche Variante gefällt dir am besten? Kreuze sie rot an. Welche kannst du am leichtesten schreiben? Kreuze sie blau an.

Unterschriftensammlung

Sammle Unterschriften von anderen Kindern und Erwachsenen.

Deine Identitätskarte

Fülle deine eigene Identitätskarte aus und unterschreibe am Schluss.
Klebe ein Foto von dir ein oder zeichne ein Selbstporträt.

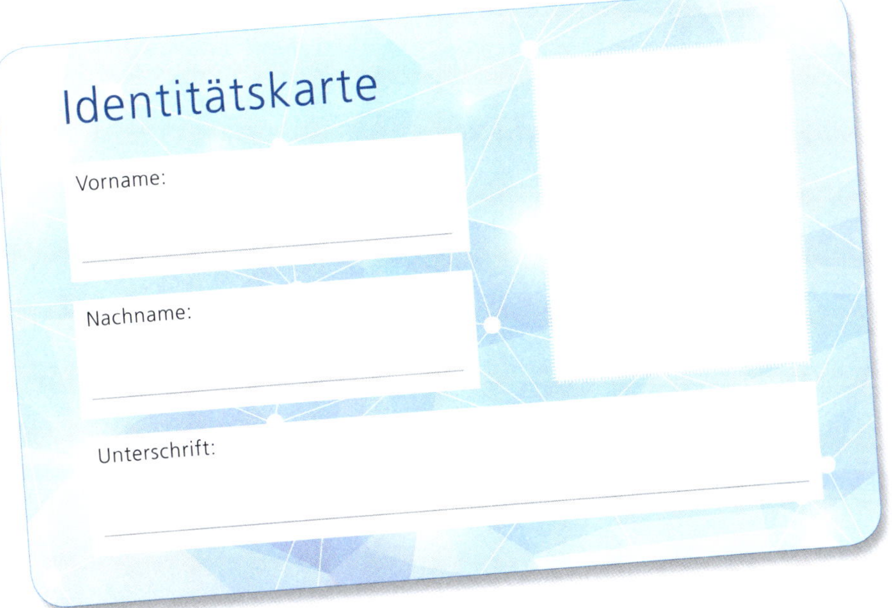

Sitzhaltung

In der Schule verbringst du viele Stunden am Tag sitzend. Für eine gesunde Sitzhaltung ist die Höhe der Möbel und die Haltung der Füße, des Rückens und der Arme entscheidend.

Korrekte Sitzhaltung

Am besten sitzt du auf der vorderen Stuhlhälfte.

Die Stuhlhöhe sollte so eingestellt sein, dass deine Ober- und Unterschenkel einen rechten Winkel bilden, wenn du mit beiden Füßen auf dem Boden stehst.

Die Höhe deines Pultes sollte es ermöglichen, dass deine Unterarme locker auf dem Tisch liegen und du die Handgelenke und Finger frei bewegen kannst, ohne deine Schultern hochzuziehen.

Der Rücken sollte aufrecht bleiben.

Überprüfe deine Position in allen Schulstunden, wenn du konzentriert am Schreiben bist.

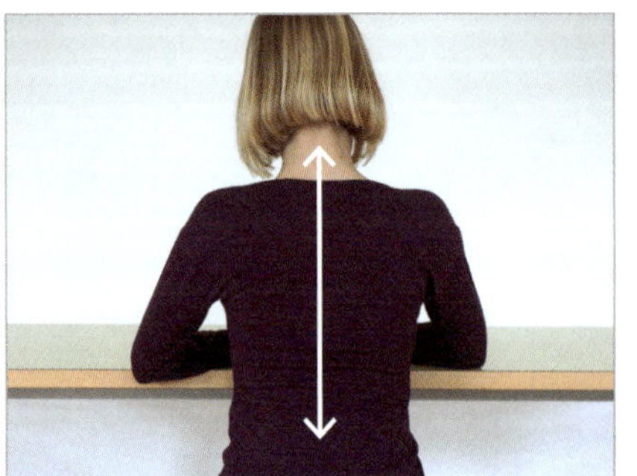

Dein Rücken

Nimm einen Streifen Klebband. Setz dich gerade hin und lass dir den Streifen den ganzen Rücken entlang aufkleben. Spürst du das Band, wenn du beim Schreiben einsinkst?

Radiergummihilfe

Lege einen Radiergummi auf deinen Kopf und schreibe den Satz in dein Heft. Bleibt der Radiergummi auf deinem Kopf liegen?

Wer aufrecht sitzt, belastet den Rücken weniger.

Deine Schultern

Ziehe deine Schultern zum Ohr und schreibe in dieser Haltung angespannt das Wort **bleiben** viermal.

Lass deine Schultern fallen und schreibe nochmals.

Was fühlte sich freier an? Kreuze an.

Deine Atmung

Schreibe die Wörter und atme dabei leise aus, indem deine Lippen den Laut «F» bilden.
Schaffst du jedes Wort innerhalb eines Atemzuges?

nur allein langsam herumspringen

Halte deinen Atem an und zieh den Bauch ein. Schreibe die Wörter nochmals.

Welchen Unterschied siehst du in deiner Schrift?

Beobachtung

Beobachte ein anderes Kind beim Schreiben.
Was bewegt sich beim Atmen? Kreuze an.

☐ die Schultern ☐ die Brust ☐ der Bauch ☐ ______

Stifthaltung

Beim Schreiben sollten deine Finger den Stift locker bewegen können. Der Daumen als wichtiger Finger muss dabei unbedingt mithelfen. Dein Arm liegt auf der Tischfläche und rutscht mit. Dein Handgelenk hilft kaum merklich beim Schwingen. Weiße Stellen an deinen Fingern deuten meist auf zu hohen Druck hin.

Schubsspiel

Du brauchst eine Münze, einen Stift und ein Blatt Papier, auf das du ein Fußballfeld zeichnest.
Schubse die Münze in das gezeichnete Fußballtor.
Das Tor gilt, wenn die ganze Münze darin liegen bleibt.

Wie viele Schubser brauchst du?

1. Runde

2. Runde

3. Runde

Linien ziehen

Starte mit dem Stift schwungvoll beim großen roten Punkt und verbinde zu jedem Punkt.

Umfahre anschließend im Slalom alle Punkte. Beginne links.

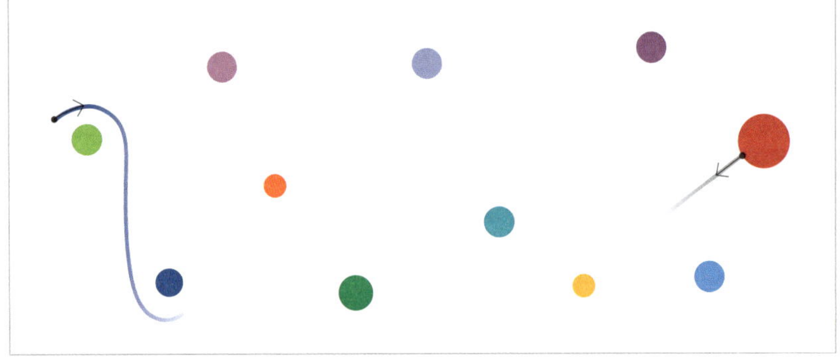

Beweglichkeit trainieren

Halte den Stift locker und trainiere deine Fingerbeweglichkeit, indem du die Formen mit einer Farbe nachfährst. Der Arm bleibt dabei stabil auf dem Tisch liegen.

Stifthalte-Test

Wähle Figuren von S. 40 unten aus und zeichne sie jeweils zweimal mit verschiedenen Stifthaltungen. Beobachte dabei den Stift und deine Finger.

aufrechter Stift

liegender Stift

Was trifft zu? Kreuze an.

	aufrechter Stift	liegender Stift
Daumen in Bewegung	☐	☐
Zeigefinger in Bewegung	☐	☐
keine hellen Druckstellen	☐	☐

Klebergriff

Stift zwischen Zeige- und Mittelfinger

	Klebergriff	Stift zwischen Zeige- und Mittelfinger
Daumen in Bewegung	☐	☐
Zeigefinger in Bewegung	☐	☐
keine hellen Druckstellen	☐	☐

alle Finger am Stift

Stift in der Faust

	alle Finger am Stift	Stift in der Faust
Daumen in Bewegung	☐	☐
Zeigefinger in Bewegung	☐	☐
keine hellen Druckstellen	☐	☐

Hände lockern

Die Anspannung deiner Hände wirkt sich auf die Finger, den Stift und auf die Schrift aus. Es kann sehr hilfreich sein, ab und zu die Hände zu lockern, sodass ein entspanntes und lockeres Schreiben möglich ist.

Finger entkrampfen

Schreibe den Satz zuerst mit verkrampfter Hand und verkrampften Fingern.

Meine Hand ist verkrampft.

Handmassagen

Probiere die verschiedenen Massagen aus.
Schreibe nachher immer den Satz in den Kasten.

Ich kann locker schreiben.

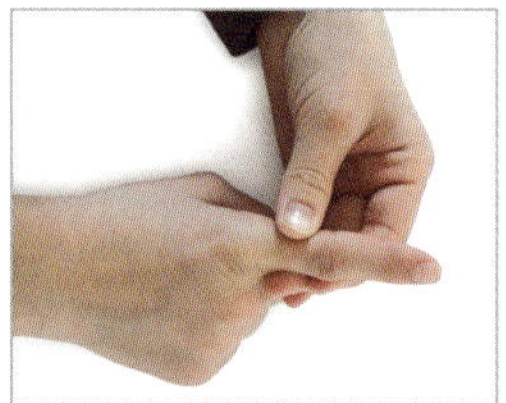

Finger kneten

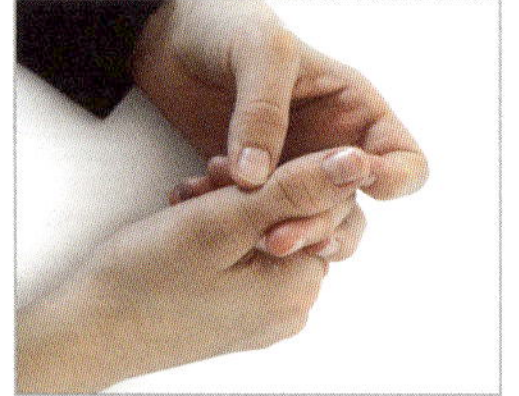

Daumenballen massieren

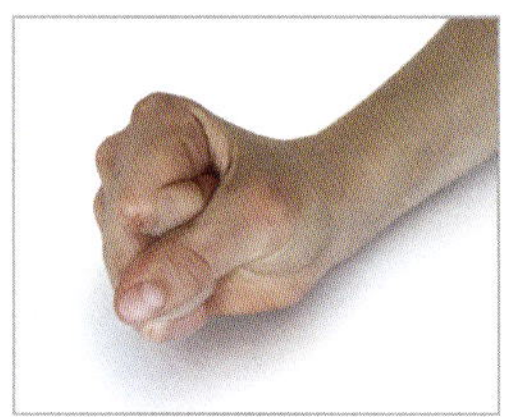

Zitrone ausdrücken

Bleistift wackeln, Bleistift rollen

Taschentuch-Trick

Lege ein Papiertaschentuch in deinen Handballen und schreibe den Satz so.

So schnell und locker geht es auch.

Stifthaltung ändern

Schreibe helle Wolle mit drei verschiedenen Stifthaltungen.
Bei welcher Haltung arbeitet der Daumen am besten mit? Kreuze an.

1 Stifthaltung 1 ☐

2 Stifthaltung 2 ☐

3 Stifthaltung 3 ☐

Handgelenk tapen

Das Handgelenk schwingt beim Schreiben leicht mit.
Klebe ein Tape über das Handgelenk (innen und außen).

Helle Wolle will ich.

Spürst du den Zug innen oder außen an deiner Hand? ☐ innen ☐ außen

Schreibdruck

Oftmals schreibt man mit sehr viel Druck, weil man gelernt hat, den Strich damit besser zu beherrschen.
Versuche auch mit weniger Druck zu schreiben.

Verschiedene Unterlagen

Lege eine weiche Unterlage und eine harte Unterlage unter die Seite. Schreibe darauf.

Ich schreibe mit wenig Druck.

weiche Unterlage (z. B. Moosgummi)
harte Unterlage (z. B. breites Lineal)

Viel und wenig Druck

Schreibe den Satz nochmals, abwechslungsweise ein Wort mit viel Druck, eines mit wenig.

Verschiedene Stifte

Schreibe den Satz mit verschiedenen Stiften. Wo brauchst du am meisten, wo am wenigsten Druck?

Bleistift
Kugelschreiber
Filzstift
Buntstift

Am meisten Druck:
- ☐ Bleistift
- ☐ Kugelschreiber
- ☐ Filzstift
- ☐ Buntstift

Am wenigsten Druck:
- ☐ Bleistift
- ☐ Kugelschreiber
- ☐ Filzstift
- ☐ Buntstift

Druck und Entlastung

Zeichne die Muster beim Abstrich mit viel Druck, beim Aufstrich mit wenig Druck.

wenig Druck

viel Druck

eigenes Muster

Spezialpapier

Wähle ein langes Wort aus der Wörterliste (S. 59) und schreibe es auf unterschiedliche Papiere. Klebe die Ausschnitte unten auf.

dünnes Papier auf eine weiche Unterlage legen (z. B. Moosgummi)

Seidenpapier

Zeichenpapier

Schreibgeräte

Jede Zeitepoche und Kultur brachte ihre eigenen Schreibgeräte hervor. So «schrieben» zum Beispiel die Römer auch mit Meißeln auf Stein. Dabei wurden die Buchstaben zuerst mit dem Pinsel auf den Stein geschrieben und dann vom Steinmetz ausgeschlagen. Sie benutzten auch Wachs- oder Tontafeln zum Schreiben.

Buchstaben ritzen

Ritze in ein Stück Knetmasse.
Welche Buchstaben gelingen gut, welche weniger?

Die Knete

Diese Buchstaben gelingen gut:

Diese Buchstaben gelingen weniger gut:

Buchstaben malen

Hier siehst du zwei japanische Zeichen in der Schrift Kanji. Sie bedeuten «Pferd» und «Drache».
Male die japanischen Buchstaben mit einem Pinsel groß nach.

Mit Füller schreiben

Schreibe mit einem Füller oder einer Tintenfeder.

Ich schreibe gerne mit verschiedenen Stiften.

Welche Buchstaben waren schwierig? Kreise ein.

Wie gefällt dir das Ergebnis? Kreuze an. ☐ ☺ ☐ 😐 ☐ ☹

Verschiedene Stifte

Zeichne und schreibe mit verschiedenen Stiften (z. B. weicher Bleistift, harter Bleistift, Druckbleistift, Füller, Kugelschreiber, Tintenroller, Filzstift, Buntstift usw.)

Wofür nimmst du welchen Stift am liebsten? Kreuze an.

	für Zeichnungen	für eine schnelle Schrift	für eine sehr gepflegte Schrift	zum Ausmalen	für meine Unterschrift
harter Bleistift					
weicher Bleistift					
Druckbleistift					
Füller					
Kugelschreiber					
Tintenroller					
Filzstift					
Buntstift					

Schriften und Kulturen

Aus vergangenen Epochen oder fremden Kulturen stammen Schriftzeichen, deren Bedeutung uns oft verborgen bleibt. Auf dieser Doppelseite findest du dazu einige Beispiele.

Die Lateinische Ausgangsschrift

Die Lateinische Ausgangsschrift wurde 1953 in allen Bundesländern der damaligen Bundesrepublik Deutschland eingeführt (Ausnahme: In Bayern wurde sie 1966 eingeführt).
Lege ein Pauspapier über die Schrift und übertrage sie.

Das ist die Lateinische Ausgangsschrift.

Die deutsche Sütterlinschrift

Ab 1935 lernten die Kinder in der Schule die deutsche Sütterlin-Schrift.
Lege Pauspapier auf das Bild und übertrage deine Initialien.

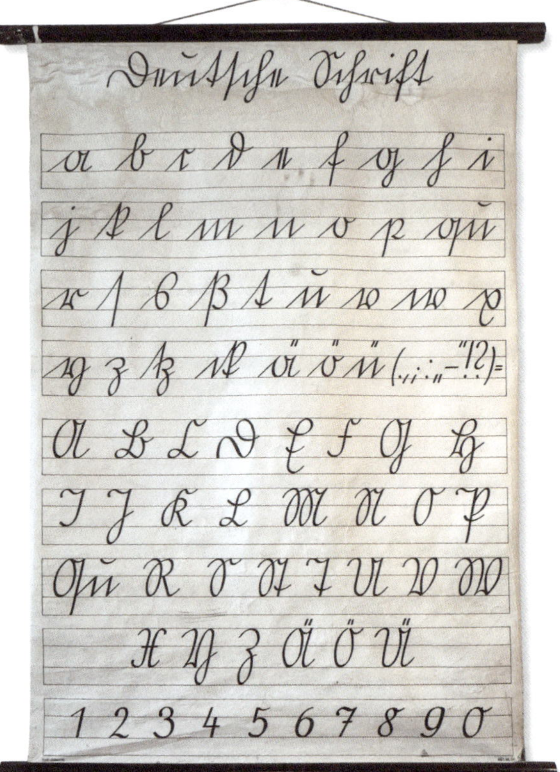

Kyrillische Schriftzeichen

Viele slawische Sprachen in Europa und Asien verwenden die kyrillische Schrift.
Welche Buchstaben erkennst du?
Fahre sie farbig nach.

УКОПИСНАЯ
КИРИЛЛИЦА

Бб Вв Гг Дд Ее Ёё
Жж Йй Кк Лл Мм
Нн Оо Пп Тт Уу
Фф Хх Цц Чч Ш
щ Ъъ Ыы Ьь Ээ
Юю Я 23456789

Chinesische Zeichen

Japanische und chinesische Zeichen sind Bilderschriften. In Bilderschriften wird ein Wort durch ein Zeichen dargestellt und nicht aus mehreren Buchstaben zusammengesetzt. Überfahre das Zeichen für «Löwe» mehrmals, zeichne es nachher selber in den rechten Kasten.

Schriftalphabet

Suche im Internet unter dem Begriff «Schriftalphabet» eine Schrift und schreibe damit deinen Namen.

Geheimschrift

Kannst du dieses Wort entziffern?

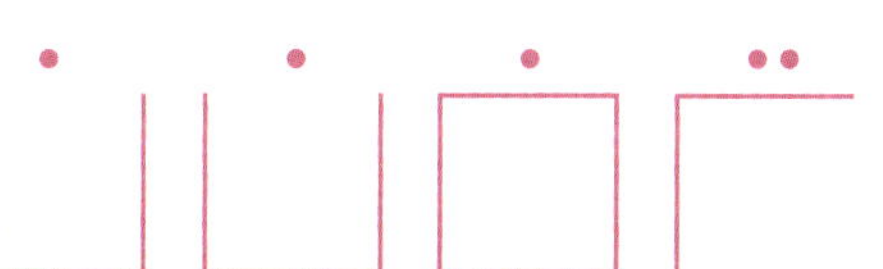

Hilfe zum Entziffern:

A	B	C
D	E	F
G	H	I

J	K	L
M	N	O
P	Q	R

S	T	U
V	W	X
Y	Z	

Schreibe eine eigene Nachricht in dieser Geheimschrift und zeige sie einem anderen Kind.
Kann es deine Nachricht entziffern?

Schrift und Bild

Texte können Bilder beschreiben, um den Bildinhalt verständlich zu machen. Texte können aber auch selbst bildhaft gestaltet werden. Der spielerische Umgang mit Wörtern und Buchstaben eröffnet dir kreative Möglichkeiten.

Bild beschriften

Beschrifte die einzelnen Kopfteile des Hahns.

1 ______________________

2 ______________________

3 ______________________

4 ______________________

Kehllappen

Schnabel

Auge

Kamm

Ein Bild mit Text einrahmen

Zeichne eine einfache Form und schreibe einen kurzen Text darum herum.

Ein Wappen ist ein Schild-
Zeichen. Es kann
symbo- lisch für
einen Staat, ein
Land oder eine
Stadt stehen oder wie
ein Signet für Vereine

Wortbilder

Erfinde eigene Wortbilder,
z. B. zu den Wörtern
Wurm und Baum.

Comic-Wörter

Solche Wortbilder können dir auch bei der Schreibweise von schwierigen Wörtern helfen. Erfinde weitere Wortbilder zu diesen Wörtern:

Wort und Bild

Zeichne eine einfache Form und schreibe außerhalb und innerhalb davon mit zwei verschiedenfarbigen Stiften.

Für dich für dich für dich für dich
Für dich für dich für dich für dich
Für dich für dich für dich für dich
Für dich für dich für dich für dich
Für dich für dich für dich für dich
Für dich für dich für dich für dich
Für dich für dich für dich für dich
Für dich für dich für dich für dich

Schriftart

Das Spiel mit verschiedenen Schriftarten ist sehr fantasievoll. In der Werbung setzt man Schriften ein, um einer Produkte-Marke ein unverwechselbares «Gesicht» zu geben. Auch deine Handschrift ist unverwechselbar.

Verschiedene Marken

Suche in Zeitschriften oder Katalogen nach originellen Schriftzügen und Logos.
Schneide sie aus, klebe sie hier in dein Heft oder zeichne sie ab.
Vergleiche die Schriften (Farbe, Formen, Größe, Schriftart, Besonderheiten).

Die Doppelschrift

Schau dir den Aufbau genau an. Versuche nachher deinen Namen in dieser Schrift zu schreiben.

1. Buchstabe mit feiner Bleistiftlinie schreiben
2. mit Filzstift die Umrisslinien zeichnen
3. den Bleistiftstift wegradieren

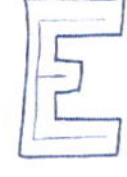

Wenn du willst, kannst du auch noch weiterfahren:

4. den Buchstaben mit feinen Linien verlängern
5. Schatten ausmalen

Die Initialen

Hier haben zwei Personen ihre Initialien gestaltet:

Julian Kaufmann

Lina Müller

Gestalte deine eigenen Initialen.

Ein T-Shirt gestalten

Gestalte die Vorder- und Rückseite dieses T-Shirts mit einer selber erfundenen Schrift.

Titel

Titel sollen Interesse für den nachfolgenden Text wecken. Deshalb werden Titel auch oft größer, farbig oder in einer anderen Schriftart gestaltet. So hebt sich der Titel wie ein Signal ab. Titel schreibst du meistens ohne Punkt.

Verschiedene Titel

Erfinde drei verschiedene Titel zu den Texten. Wähle Stift, Farbe, Schriftgröße und Schriftstil passend zum Thema.

In den Ferien waren wir mit der ganzen Familie in Südfrankreich mit dem Fahrrad unterwegs. Wir haben viele interessante und sehr anstrengende Ausflüge gemacht. Meine kleine Schwester durfte im Anhänger mitfahren, da sie noch sehr klein ist.

Ich habe mit Oliver und Lydia Fußball gespielt. Lydia hat den Ball gekickt und er ist auf die Straße gerollt. Oliver wollte unbedingt gewinnen, deshalb ist er hinter dem Ball her gerannt. Ein Auto musste bremsen. Der Fahrer ist ausgestiegen und hat mit ihm geschimpft.

Ich durfte in den Sommerferien zu meiner Tante Isabelle. Sie wohnt in der Camarque, zusammen mit ihrem Mann Sébastien und ihren zwei Pferden. Ihre beiden Pferde heißen Petit und Chouchou. Sie sind sehr lieb und ich hatte gar keine Angst vor ihnen.

Titelschriften

Erfinde zu diesen Themen jeweils einen Titel und gestalte ihn in einer passenden Schrift.

Schlagzeile in einer Zeitung
Titel für eine Abenteuergeschichte
Titel für ein Kochbuch

Titelschriften auf dem Computer

Welches ist im Moment euer Thema im Sachunterricht?
Schreibe diesen Titel mit verschiedenen Computerschriften.
Klebe die ausgedruckten Beispiele hier ein und kreuze an, welche Schrift am besten zum Thema passt.

Textformate

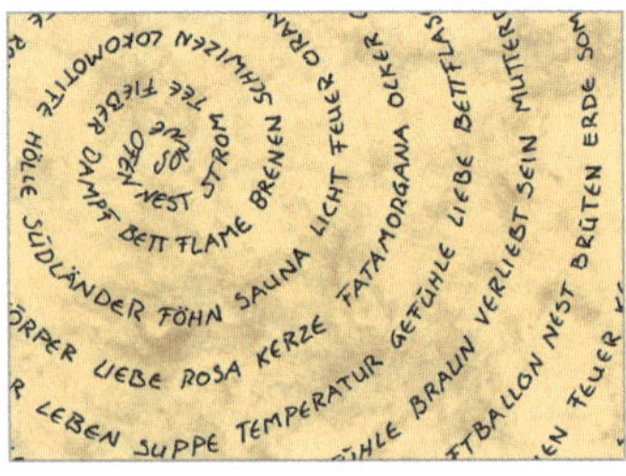

Text kann auf verschiedene Arten dargestellt (gesetzt) werden. Die Gestaltung sollte übersichtlich und der Text angenehm zu lesen sein. Es gibt auch spielerische Möglichkeiten, einen Text darzustellen.

Verschiedene Textformate

linksbündig

Die meisten Texte sind linksbündig gesetzt. Auch handgeschriebene Texte beginnen in der Regel links immer auf der selben Höhe. Rechts hören die Zeilen an verschiedenen Stellen auf. Hier «flattert» der Text.

rechtsbündig

Das ist das Gegenteil vom linksbündigen Format: Hier endet jede Zeile rechts auf der gleichen Höhe. Links «flattert» der Text. Es ist beinahe unmöglich, von Hand rechtsbündig zu schreiben.

zentriert

Der Text richtet sich nach der Mitte der Zeilen aus. Der Text «flattert» links und rechts. Dieses Format wird oft für Gedichte oder Überschriften verwendet. Für längere Texte ist ist es nicht geeignet.

Blocksatz

Jede Zeile ist genau gleich breit. Die Ränder sind auf der linken und rechten Seite bündig. Die Wort- und Buchstaben-Abstände werden angepasst. In der letzten Zeile wird der Blocksatz normalerweise nicht eingehalten.

Formsatz

Heute fühle ich mich so richtig himmelhochjauchzend zu Tode betrübt. Ich freue mich zwar auf meine Ferien. Dann fliegen wir nach Peru. Aber ich bin auch traurig, weil mein Hund nicht mitkommen kann. Meine Großeltern werden auf ihn aufpassen.

FERIEN

In der Sanduhr
rieselt der Sand
sehr langsam von
oben nach unten.
Du kannst zu-
schauen, wie
die Zeit
ver-
geht.
Wenn du
warten musst,
scheint die Zeit
stehen zu bleiben.
Eilt es aber, ver-
geht sie im Nu.

mehrspaltig (2-spaltig)

In Zeitungen und Zeitschriften werden Texte üblicherweise mehrspaltig gestaltet. Ohne diese Aufteilung in Spalten würde der Text viel zu breit gesetzt. Beim Lesen könnte man sich beim Zeilenwechsel nicht mehr orientieren. In den Spalten verwendet man meistens linksbündigen Text oder Blocksatz.

Man kann die Spalten durch eine feine Linie voneinander abgrenzen.

Mit Schrift gestalten

Schreibe von Hand einen Text in Formsatz. Tipp: Ziehe zuerst Hilfslinien mit Bleistift.

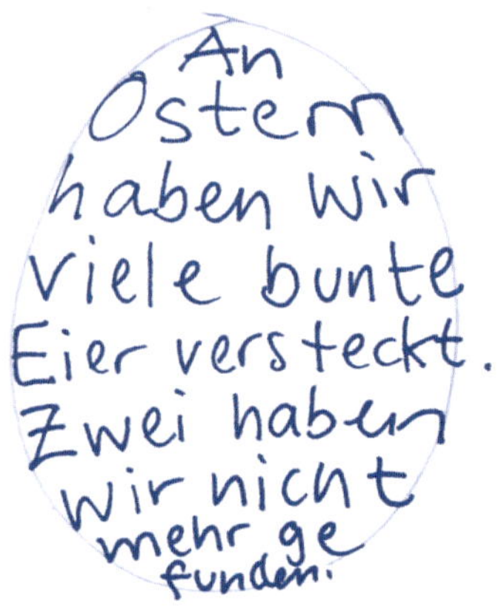

Textformate erkennen

Welches Textformat wird bei den hier abgebildeten Beispielen verwendet?
Kreuze in der Tabelle an.

Welches Textformat wird wo verwendet?

	Blocksatz	mehrspaltig	linksbündig	zentriert	rechtsbündig	Formsatz
1. Illustrierte						
2. Inserat						
3. Brief						
4. Zeitung						
5. Karte						

Textformate in Zeitschriften und Zeitungen sammeln

Suche in Zeitschriften und Zeitungen nach Texten in verschiedenen Formaten. Klebe einige Beispiele hier ein.

Liste der 200 häufigsten Wörter

2er-Wörter	3er-Wörter	4er-Wörter	
an	alt	alle	Mann
da	Arm	Auto	Maus
Ei	auf	Ball	mehr
er	aus	Baum	mein
es	bei	Bein	muss
in	bin	Bett	nein
im	dir	blau	noch
ja	Eis	böse	oben
so	Fuß	Brot	sehr
wo	für	dann	sich
zu	gut	dick	sind
	hat	Frau	soll
	ich	ganz	Tier
	ist	Geld	viel
	mir	gern	voll
	mit	groß	Wald
	neu	Hand	weit
	nun	Haus	will
	nur	Herr	Zeit
	Opa	hier	
	rot	hoch	
	Tag	Hund	
	tun	jung	
	Tür	kann	
	vor	Kind	
	war	Kopf	
	was	kurz	
	Weg	lang	
	wie	laut	
	wir	lieb	

mehr Buchstaben

allein	gleich	nehmen	Stein
andere	haben	nicht	stellen
Angst	halten	Onkel	Straße
Augen	heißt	Pferd	Stück
bauen	helfen	rennen	Stunde
beide	heute	richtig	suchen
bekommen	holen	rufen	Tisch
bleiben	hören	sagen	tragen
Blume	immer	Schiff	trinken
Boden	Jahre	schlafen	unten
brauchen	jetzt	schnell	Vater
bringen	Junge	schon	Vogel
Bruder	Katze	schön	Wagen
denken	kaufen	schreiben	warten
dürfen	Klasse	Schuh	Wasser
Eltern	klein	Schule	weiß
erzählen	kommen	schwarz	wieder
essen	können	Schwester	Woche
fahren	lachen	schwimmen	wollen
fallen	langsam	sehen	
fangen	lassen	Seite	
Fenster	laufen	setzen	
fertig	legen	singen	
finden	lesen	sitzen	
fliegen	Leute	Sonne	
fragen	liegen	spielen	
Freund	machen	sprechen	
Garten	Mädchen	springen	
geben	müssen	Stadt	
gehen	Mutter	stehen	

Papier-Tastatur

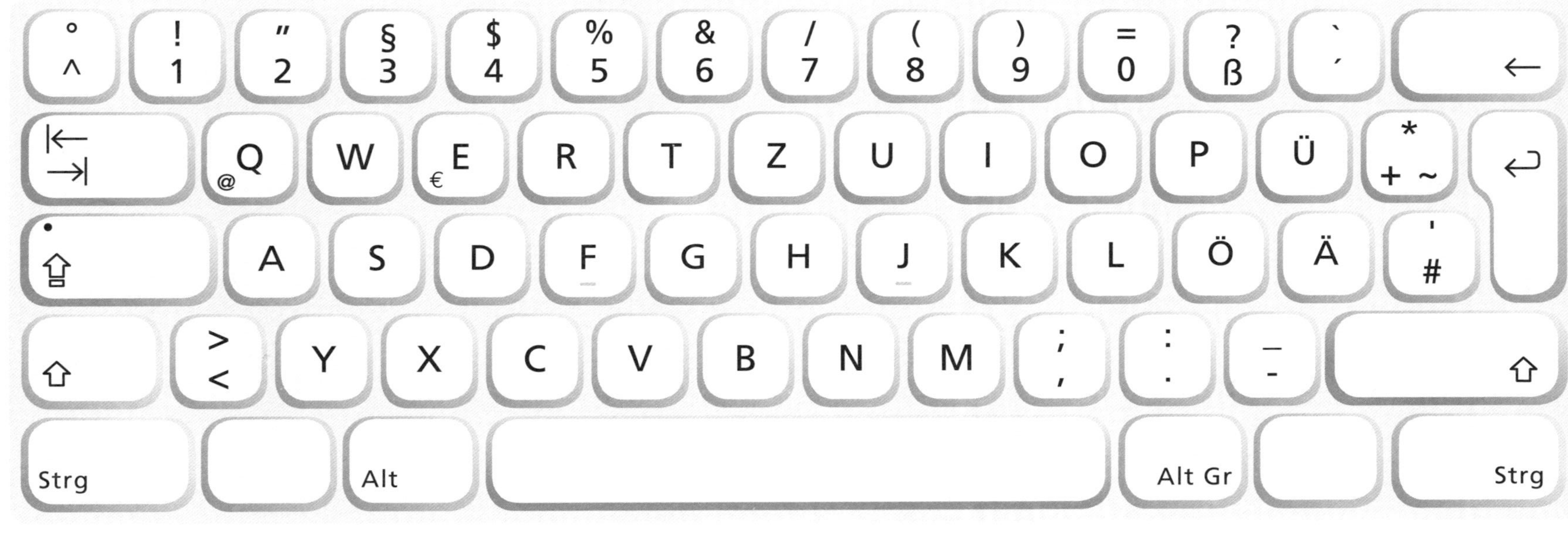

Lineaturen

gleichmäßige Lineatur

hohe Unterlängen

große Oberlängen

übergroße Mitte

Bildnachweis:

- **Dr. Bruno Mock:** S. 13 **springendes Kind**, S. 20 **Stifthaltungen 1-3**, S. 38/39 **Sitzhaltungen 1-4**, S. 40 **Münze schubsen**, S. 41 **Stifthaltungen 1-6**, S. 42 **Handmassagen 1-4**, S. 43 **Taschentuchtrick, Stifthaltungen 1-3, Handgelenk tapen**
- **naef-grafik.ch:** S. 14 **Labrador**, S. 34 **Hallo mit Handschrift-Hintergrund**, S. 52 **Buchstaben-Ensemble**, S. 56 **Text spiralförmig, alle Abbildungen Textformate**, S. 57 **Illustrierte BeautyStar, Inserat**
- **fotolia.de:** S. 12 **Rennauto:** apfelweile, **Tachometer:** savanno, S. 13 **Bleistift & Kugelschreiber:** iuneWind, **Buntstift:** beermedia.de, S. 14 Tafel **«Guten Appetit»:** Zerbor, **Collie:** Nikolai Tsvetkov, **Yorkshire Terrier:** Eric Isselée, **Wiese im Hintergrund:** miya227, **Braune Medizinflasche:** Sylverarts, **Blutprobe:** harmpeti, S. 15 **Notizzettel:** flas100, S. 16 **Glücksklee:** Roman Pyshchyk, S. 17 **Stoppuhr:** voinsveta, S. 18 **diverse Buchstaben:** Maria Kazanova, S. 20 **Wald:** Fotomaniac, S. 22 **Buchstabe B im Hintergrund:** donatas1205, S. 24 **Ente:** Africa Studio, S. 26 **Gras im Querschnitt:** DenisNata, **Zielscheibe:** Hardheadmonster, **Dart-Pfeile:** pico, S. 28 **Straßenmarkierung:** pixarno, S. 30 **Eisfläche:** sogmiller, S. 32 **Hausnummer:** vulcanus, S. 36 **Unterschriften:** natbasil, S. 37 **Hintergrund ID-Karte:** Thaut Images, S. 38 **Kind und Hund:** Jenny Sturm, S. 40 **Zauberstab:** Arpad Nagy-Bagoly, S. 42 **bunte Hände:** Robert Kneschke, S. 44 **Schrift im Mehl:** contrastwerkstatt, S. 46 **Schrift in Stein gehauen:** romaset, S. 48 **Stopp-Schild fremdartig:** kasto, **deutsche Sütterlin-Schrift:** costadelsol56, **Kyrillisches Alphabet:** zapolzun, S. 50 **Flugzeug schreibt Danke:** mh-90photo, **Hahn:** MajaCvetojevic, S. 54 **Guten Morgen:** aliasching, **Familie mit Fahrrädern:** Brocreative, **Kind mit Ball:** sabine hürdler, **Pferde:** oslohis 46085578, S. 57 **Frau auf Titelseite:** zinkevych, **Heft blanko:** mileswork, **Weihnachtskarte:** Reena, **Zeitung:** Zerbor, S 60 **Tastatur:** enthymia